AF190219

1

pit vogt
EXTENDED MIX
texte

Ideen, Design, Layout: P i T

Impressum

Herstellung und Verlag:
BoD - Books on Demand GmbH, Norderstedt
ISBN: 9783746056777

7	Extended Mix 1
13	Gedanke
14	Im Park
15	Neue Kraft
18	In meinem Keller
20	Nach Hause
22	Nachdenken
26	Ich
27	Nackt
28	Nach dir
29	Irgendwas
31	Poesie
32	Suche
33	November
34	Anderer Ort
36	Extended Mix 2
38	Wir
40	Worte
41	Wünsche
42	Am Meer
44	Sag mir
45	Bei dir
46	Sehnsucht
49	Dämmern
51	Die Angestellte
53	Die Fee
54	Er
55	Kühle
56	Der Schauspieler
58	Mein Weg
60	Mona Lisa
61	Manchmal
63	Für einen Star
64	Resignation
66	Zeit

67	Im Wald
69	Schlaflos
71	Weihnachtsgeschichte
75	Insel
76	Vers
77	Manchmal vielleicht
79	Träne
80	Heimgang
81	Regenguss
82	Absturz
83	Sturm
84	Traum
85	Ach lass
86	Kalter Winter
89	Garten
90	Abschied
92	Wenn
94	Morgen
96	Meins
98	Erinnerungen
100	Der letzte Sommer
102	Wenn du
103	Einst
104	Besuch am Grab
105	Flieger
106	An die Eltern
109	Naher Winter
110	Im Wald
112	Wald
113	An den Wald
115	Auf einer Wiese
116	„Sie" und „Er"
118	Familiendrama
121	Das Kind
122	Terror in Berlin

Extended Mix 1

Lege dich – oder stelle dich – dorthin, wo du glaubst, dass du dich am wohlsten fühlst.
Atme ruhig und gleichmäßig.
Das bleibt eine ganze Weile so.
Langsam kommt dein Körper zur Ruhe.
Du spürst, du kommst ins Gleichgewicht.
Aber auch, wenn du nicht ins Gleichgewicht gelangst, komme mit auf eine Reise.
Sage dir, dass sie vielleicht schön werden könnte.
Und dann öffnest du dein inneres Auge.
Du schaust dich um und atmest tief ein und aus.
Alles um dich herum ist im Gleichgewicht.
Nichts stört dieses Gleichgewicht,
diese Sicherheit.
Du spürst Wärme in deinen Armen,
deinen Beinen und in deiner Brust.
Hörst du dein Herz schlagen
Fühle es, denn es ist der Takt deines Lebens.
Du atmest ruhig ein und wieder aus.
Und du denkst nicht mehr an morgen
oder an gestern.
Du bist nur einfach da und atmest ein
und wieder aus.
Ab und zu hörst du deinem Herzschlag zu und freust dich, dass er da ist. Denn er erhält dich am Leben und dein Atem ist ruhig und gleichmäßig.
Jetzt schaust du mit deinem inneren Auge zum Himmel empor.
Er ist bläulich oder blau – und ab und zu schwimmt eine Wolke über ihn hinweg.

Du atmest ruhig und gleichmäßig und freust dich, dass es diesen Himmel gibt. Denn dieser Himmel beschützt dein Leben,
und er ist immer da.
Eine ganze Weile schaust du einfach so in diesen wunderschönen Himmel.
Dabei atmest du ruhig und gleichmäßig,
hörst deinen Herzschlag und weißt,
dass du am Leben bist.
Nun stellst du dir deine Wünsche vor – stell dir vor, was du dir am meisten wünschst.
Die Wünsche und Gedanken ziehen wie ein Film über diesen makellosen Himmel.
Du bist froh, dass duz solch Wünsche haben kannst und atmest dabei ruhig und gleichmäßig.
Wie schön doch all die vielen Wünsche sind.
Oder ist es nur ein einziger Wunsch
Freu dich, dass du ihn hast.
All die Wünsche schwimmen langsam und leicht über den Himmel und verschwinden
alsbald am Horizont.
Welcher Wunsch war wohl der schönste
Welchen möchtest du wiedersehen
Entscheide dich jetzt nicht, atme stattdessen ruhig und gleichmäßig
und höre deinen Herzschlag.
Freu dich, dass es dich gibt, dass du da bist und all das erleben kannst.
Nun hörst du ein leises angenehmes Geräusch.
Du siehst es nicht, aber du weißt, dass es das Rauschen des Meeres ist.
Es rauscht und plätschert,

als wäre es nie anders gewesen.
Alles ist leicht und wundervoll.
Und jetzt kannst du es sehen,
dieses rauschende Meer.
Du siehst die Wogen und die Wellen, wie sie kraftvoll ans Ufer schwappen.
Und du spürst den feuchten Nebel, den das rauschende Wasser erzeugt.
Du atmest ihn tief in dich hinein und atmest ruhig immer wieder weiter.
Die Gleichmäßigkeit und die Ruhe pulsieren wie dein Herzschlag in deinem Körper.
Du schaust dich um und siehst im Spiegelbild der Wasseroberfläche dich selbst.
Du staunst und möchtest dich wohl fragen: Wer kann das da nur sein
Du bist es selbst – und du betrachtest dich von oben bis unten.
Im nicht aufhörenden gleichmäßigen Wabern der Wellen schwingt dein Körper
hin und wieder her.
Und du atmest gleichmäßig und ruhig ein und wieder aus.
Du wünschst deinem Körper, der ja du selber bist, dass er gesund und munter bleiben möge.
Dass er kraftvoll das Leben meistert, egal, wie es auch immer wird.
Du weißt, dass du nicht untergehen wirst und dass dein Körper gegen den Sturm und die hohen Wellen des Lebens gewappnet ist.

Du fühlst diese Kraft, wie sie deinen Körper durchströmt und du atmest ruhig und gleichmäßig ein und wieder aus.
Aber nun möchtest du wieder
zur Ruhe kommen.
Du schließt dein inneres Auge und stellst dir einen dichten Wald vor.
Du schwebst durch ihn hindurch,
bis du zu einer Wiese kommst.
Es duftet wie Frühlingsblumen und eine leichte Brise fächelt um deine Nase
und um deinen Kopf.
Bienen summen und eine dicke Hummel brummt von Blüte zu Blüte.
Ach, ist es hier schön und du atmest tief ein
und wieder aus.
So leicht hast du dich noch nie gefühlt.
Die Wiese wird vom dichten Wald gerahmt
und du möchtest dich auf sie legen.
Sie ist weich wie ein Daunenbett.
Du liegst zwischen duftenden Blumen und frischen Gräsern und hörst die Vögelchen zwitschern.
Es scheint dir, als würde die Zeit stehenbleiben.
Und alle Sorgen, die noch in dir waren, fallen von dir ab. Du bist so frei wie noch niemals zuvor und atmest ruhig ein und wieder aus.
Dir scheint, du wärest im Paradies und stellst dir vor, wie ein weißes Haus zwischen all den vielen Blumen langsam entsteht.
Es ist dein Haus und nur du kannst es betreten, wann immer du es willst.

Es scheint dir, als sei es ewig dein Haus gewesen, denn alles ist dir so vertraut.

Ja, hier bist du Zuhause, und in den vielen Zimmern wandelst du hin und wieder her.

In jedem dieser licht- und luftdurchfluteten Zimmer befindet sich einer deiner vielen wunderschönen Träume.

Du kannst zwischen ihnen pendeln und bist glücklich, dass all deine Träume nah bei dir sind.

Sie gehören fest zu dir, wie dieses wundervolle sagenhafte Haus.

Und wie du so durch deine Träume wandelst, schaust du immer wieder durch eines der vielen großen Fenster deines Hauses. Draußen scheint die Sonne und es ist ein wunderschöner angenehmer Tag.

Da bemerkst du ein Licht am Horizont.

Es wird immer größer, immer intensiver und du willst ihm jetzt entgegengehen.

Du verlässt dein Haus und atmest ruhig und gleichmäßig ein und wieder aus.

Du hörst deinen Herzschlag und fühlst dich frei und gut.

Du weißt, du bist da und kannst dein Leben leben, denn du hast Kraft und einen starken Willen, und du fürchtest dich nicht vor der unbekannten Welt.

Du bist auf dieser Wiese inmitten des schützenden Waldes und das Licht hüllt dich nun ein.

Eine wohltuende, gnädige und alles in sich aufnehmende Wärme empfängt dich, denn es ist das reale Leben,
in welches du zurückgekehrt bist.
Du bist ganz ruhig und atmest gleichmäßig und sicher ein und wieder aus.
Dein Herz schlägt ruhig und friedlich und du öffnest langsam deine Augen.
Jetzt wirst du wach.

Gedanke

Manchmal denkt man,
man hat keine Zeit
Es ist der letzte Tag,
die allerletzte Stunde
Dann schaut man sich um und spürt,
es ist soweit
Noch ein letztes Wort vielleicht
aus meinem Munde

Dann sieht alles anders aus,
was man so sieht
Und man ist traurig,
muss man jetzt gehen
Und man zählt die Sekunden,
bevor es geschieht
Beginnt man erst jetzt
sich selbst richtig zu verstehen

Und plötzlich weiß man es,
und man fühlt es genau
Dies alles ist einmal nur,
und wird für immer vergehen
Dann nimmt man ihn auf,
diesen wirklichen Augenblick
Denn *das* ist wirklich Leben

Im Park

Der Tag beginnt
und Nebel zieht im Parke
So einsam noch liegt manche Bank am See
Ein Neubeginn
Ich weiß, dass ich es wage,
bevor die Welt versinkt im winterlichen Schnee

Ein Vogel singt
dort drüben in der Linde
Ich glaub, er kennt die stürmisch, bunte Zeit
Da wünscht´ ich mir,
dass ich was Neues finde
Und irgendwie fühl ich mich jetzt bereit

Neue Kraft

Verrückte Stadt
Verhallt mein Schrei nach Liebe
Die Menschen hier, die geben mir nichts mehr
Ich zieh davon,
in aller Herrgottsfrühe
zum fernen Ort
Der Abschied fällt nicht schwer

Am schroffen Berg,
ein Schneesturm schlägt ins Auge,
bau ich ein Zelt
Ein Bär streicht nah vorbei
Ich atme tief
Wohin ich immer schaue,
wacht Einsamkeit-
Sie ist mir einerlei

Die Nacht beginnt
und Kälte zieht ins Herze
Und Sehnsucht sinnt
nach einem andern Du
Ich ess mein Brot
Mich wärmt nur eine Kerze
Doch irgendwie
komm ich wohl nicht zur Ruh

Mein Licht verlischt
Die Müdigkeit erdrückt mich
an jenem Berg
Der Sturm zog lang vorbei
Gedankenflug
Der Mond scheint unerbittlich
ins Zelt hinein
und leckt die Seele frei

Aus meinem Traum
entsteigt ein fremdes Wesen
So wunderschön
Und mir wird's langsam warm
Mir ist's,
als sei es immer hier gewesen
Ich spüre Glück
Vorbei der alte Gram

Doch bleibt nur kurz
dies sagenhafte Wunder
Es flieht die Nacht
Und fliehen will mein Traum
Er schien so nah
Nie war ein Märchen bunter
Doch blieb in meiner Seel
am Ende doch nur Schaum

Ein neuer Tag
holt mich aus meinem Schlummer
Der Berg ruht stumm
Ich kriech aus meinem Zelt
Die Einsamkeit bringt
Trauer, Tränen, Kummer
Und ich brech auf,
zieh wieder in die Welt

Verweht die Nacht,
zerfallen mit den Träumen
Jenseits Bergs
erkenn ich plötzlich Dich
Und meine Spur verweht
schon zwischen kahlen Bäumen
Dort hinterm Berg,
da küss ich Dein Gesicht

In meinem Keller

Hab heute irgendwas gesucht
Und war im Keller, auf der Flucht
Ein großes Chaos fand ich dort
An jenem schmutzig, dunklen Ort

Da war so vieles aus der Zeit,
in der ich satt und ohne Leid
Als ich so glücklich, fröhlich war
Als ich mich fühlte wie ein Star

Ich kramte die Erinnerung aus
Hier in diesem alten Haus
All die Geschichten fieln mir ein
Mit Sekt und Bier und Nacht und Wein

Soviel erlebt – mein Gott – so viel
Mal Ernstes, meistens doch nur Spiel
Doch blieb ich selten mal allein
Ich wünscht, so sollt es wieder sein

Denn alles, was vergessen schien,
was längst verstaubt und schon dahin,
hab ich versteckt, ganz lieb und brav
in diesem dunklen Kellerkaff

Und die Gedanken sind ganz nah
Ich hör mich singen, wunderbar
Meine Musik, Mensch, spielt doch noch
Im Keller hier, im dunklen Loch

Und plötzlich wird so vieles klar
Es sollt so sein, wies früher war
Nur noch viel besser, noch viel mehr
Das Feuer brennt noch tief in mir

Dies Kribbeln ist noch immer stark
Ich fühl mich jung an diesem Tag
Möcht wieder raus ins Leben schnell
Mich selber spürn – aus jedem Quell

Durch Nachtbars ziehn im schwarzen Hemd
Und selten schlau und durchgekämmt
Wieder verrückt sein, schräg und blöd
Das machen, was kein Mensch versteht

Wisch mir die Tränen vom Gesicht
Mensch Junge, *du*, du musst ans Licht
Ich rück die Brille mir zurecht
Bei mir Keller war´s nicht schlecht

Nach Hause

Es ist Sommer in der Stadt
Denk an Euch die ganze Zeit
Ob ihrs schön und ruhig habt
Heut, an diesem Sommertag
Ach, ihr seid so weit, so weit

Träume mich ins Elternhaus
Hier, in dieser großen Stadt
Manchmal halt ich´s kaum noch aus
Möchte fliehen, will nach Haus
Weil ich so viel Heimweh hab

Denk an all die Feste dort,
an manch gut- und schlechtes Jahr
An so manches böse Wort
Denk an all das Leben dort
So, wie es zu Hause war

Manchmal war ich voller Frust
Wollte weg, nur einfach raus
Hatt auf Heimat keine Lust
Lachte kaum, verdammter Frust
Dabei war´s doch mein Zuhaus

Jetzt begreif ich immer mehr
Liebe fand ich nur daheim
Sehn mir meine Liebsten her
Ja, ich spür es mehr und mehr
Will im Geist bei Euch nur sein

Es ist Sommer in der Stadt
Denk an Euch die ganze Zeit
Dort, wo's Heimweh Flügel hat
Träum ich mich aus dieser Stadt
Träum nach Haus mich, das so weit

Nachdenken

Und als der Hass noch größer wurde,
da zog man wieder in den Krieg
Rot färbte sich die Erd vom Blute
Doch nie erreichte man den Sieg

Und auf dem Schlachtfeld, Aug in Auge,
dort wollte man den letzten Schlag
Es waren Menschen, so vertraute
Es schien der letzte Lebenstag

Und als man schrie: „Los, auf zum Kampfe",
war *dort* und *da* man wie erstarrt
Ein Schrei, erstickt im Todeskampfe,
weil keiner es zu glauben wagt

Wo sonst erbleicht die toten Körper,
da stand ein Kind so lieb und zart
Ein Mensch, so klein- ein unversehrter,
zwischen den Lanzen, spitz und hart

Wenn jetzt, oh Gott, ein Schuss ertönte
Warum, du Kind, stehst du im Weg
Doch still bliebs nur und keiner stöhnte
Das Kind sang leis ein Weihnachtslied

Da sanken nieder die Gewehre
Das Kind, es sang so lieblich fein
Und leis, ganz leis, durchs ganze Heere,
erhob sich jenes Liedelein

Wo blieb der Hass, wo all das Böse
Das Schlachtfeld war kein Schlachtfeld mehr
Ein Liedchen, ach, kein Kriegsgetöse
Wo kam nur all der Frieden her

Schon bald lag man sich in den Armen
Es flossen Tränen ohne Zahl
All die, die her zum Sterben kamen,
sie ließen ab von aller Qual

Und als die Feinde Freunde wurden,
da ward das Kind nicht mehr zu sehn
Man hat gesucht es Stund um Stunden
Nur blieb dies Weihnachtslied bestehn

Es zog hinauf bis in den Himmel
Bis weit in die Unendlichkeit
Und lautlos ritt auf prächtgem Schimmel
ein Kind fern in die Dunkelheit

Und als es Heiligabend tönte
vom Kirchturm in der Heimatstadt,
da kehrten heim die vielen Söhne
Die Mütter warn vom Schmerz so matt

Hört drum auf alle Erdenkinder
Denn hier, nur hier lebt unsre Welt
Schon einmal war so kalt der Winter
War jene Menschheit fast zerschellt

Jetzt ist die Zeit der Friedenslieder
Die Kinder kennen jenen Text
Wie auch die Alten, heut und wieder,
ist man so tief und schwer verletzt

Ein letzter Krieg- ade Ihr Menschen
Habt Ihr vergessen viel zu schnell
Ihr wolltet doch fürs Leben kämpfen
So viel verblüht, wenn´s nicht mehr hell

Nun ist der Tages-Tag gekommen
Wo geht es lang – bleibt uns die Angst
Der Frieden wird sich immer lohnen,
weil *Du* als Mensch von Gott abstammst

Gott wird uns auch den Krieg vergeben
Vor „*ihm*" sind Freund und Feinde gleich
„*Er*" ist der Tod, „*er*" ist das Leben
Als Bettler arm, als Herrscher reich

Doch, wenn wir „*ihn*" erkennen wollen,
in fernster Zeit- Unendlichkeit,
so müssen wir die Kinder holen
Ein Kinderlachen gegen Leid

Es geht nicht nur um Krieg und Frieden
Es geht nicht nur um diese Welt
Wir müssen lernen, neu zu lieben
Weil Liebe nur den Mensch erhält

So lernt auf ewig all die Lieder
So lobt der Weihnacht heilges Licht
Und wo man Krieg will, jetzt und wieder,
hat jedes Kinderlied Gewicht

Ich

Ich war noch nie aus Holz und Stahl
Ich war voll Sehnsucht allemal
War Tänzer, Träumer, Flieger, Stern
Und hatte stets Absurdes gern

War einsam und vor Hektik blind
War manchmal auch ein dummes Kind
Wollt oftmals wie ein Spieler sein
Und trank so gern vom süßen Wein

So ging´s mal hoch und mal bergab
Mein Leben blieb kein schmaler Pfad
Mal kam das Glück, manchmal das Leid
Und manche heiß durchliebte Zeit

Mein Leben zog durch Hirn und Herz
Zog mich durch Liebe und durch Schmerz
Ich gab nie auf im tiefsten Dreck
Der wusch so oft die Hoffnung weg

Schrie laut mit Tränen im Gesicht
Weil man an so was nicht zerbricht
Vorm Spiegel heb ich meinen Kopf
Das da bin ich
Ein sturer Tropf

Nackt

Nackt durch breite Straßen ziehn
Mit der U-Bahn durch Berlin
Mit dir tanzen durch die Nacht
Hast mich um den Schlaf gebracht

Heiße Liebe bis um 4
Halt mich fest, du wildes Tier
Küss mich jetzt, lass mich nicht los
Nur die Liebe macht uns groß

Milchkaffee im Café „BLIX"
Wenn Du da bist, fehlt mir nix
Komm, heut fliegen wir ans Meer
Du bist da und nichts ist schwer

Nach dir

Als ich ging
war die Straße schmal
Flossen Tränen, ohne Zahl
Nahezu,
ohne Ruh,
träumte ich wohl immerzu
Lang schien dieses Tal

Einsam war´s
in jener stillen Zeit
Für jedes dunkle Date bereit
Einfach so.
Nicht mehr froh,
blieb die Hoffnung irgendwo
in jener stillen Zeit

Eines Tags
ward ich wieder stark
Wieder neu, der junge Tag
Nahezu,
ohne Ruh,
träumte ich nun immerzu
von dem, was vor mir lag

Irgendwas

Du kamst nach Hause, irgendwann
Ich fragte nicht nach dem „Woher"
Du warst ein sehr gestresster Mann
Und kamst nach Hause – irgendwann
Nach Liebe fragtest du nicht mehr

Du legtest dich allein aufs Bett
Und schliefst ganz ohne Worte ein
Du lächeltest nicht einmal nett
Du legtest dich nur auf dein Bett
Mir blieb nur eine Flasche Wein

Ich schaute dich sehr lange an
Du lagst nur da und schienst so fern
Du warst ein sehr gestresster Mann
So lange schaute ich dich an
Wo blieb nur unser Liebesstern

Ich zog mich an und schlich mich fort
Mit meinen Koffern, dick und schwer
Ich wollt nur weg von diesem Ort
Und zog mich an und schlich mich fort
Du kamst mir niemals hinterher

Die S-Bahn fuhr irgendwohin
Zum Eck-Hotel am Schluss der Zeit
Für ein paar Euro durch Berlin
Ein fremder Mann – kein neuer Sinn
Ein Drink allein – das Glück so weit

Erinnerungen sind so schwer
Und nachts ist´s kühl in dieser Stadt
Du kamst mir niemals hinterher
Und ich und du – das wog so schwer
Die Straßen leuchten fremd und matt

Poesie

Mit der Kraft nur meines Traums allein
steh ich am Morgen vor dem Tag
Und frag:
Wo sind die schönen Träume
Ich wollte nie allein nur sein

Mit der Kraft der Hoffnung an die Zeit
Versteck ich Angst und Tränen mir
Ja hier
erwacht ganz neue Freude
Ich ahn, Du bist nicht mehr so weit

Suche

Suche nach dem „Irgendwas"
In manch neuer, alter Zeit
War es Liebe, war es Hass
War´s am End ein kleiner Spaß
Waren wir für uns bereit

Suche nach dem fernen Ort
Regen- oder Sommertag
Wo nur ist Dein liebes Wort
Fern liegt jener ferne Ort,
wo mit Dir am Strand ich lag

Suche nach dem guten Traum
Jenseits dieser schönsten Zeit
Hoffnungen im leeren Raum
Du bist hier in meinem Traum
Hab mich längst noch nicht befreit

November

Der Sturm treibt Regen übers weite Land
Es ist November und der Winter naht
Ich steh vorm Spiegel
Und ich hab mich nicht erkannt
Es zieht November durch dies viel zu kalte Land
Und in jene viel zu große Stadt

Ein Alb erscheint mir in den dunklen Nächten
Es ist November und ich bin allein
Ich träum mein Leben
Und ich hab wohl nichts vollbracht
Es zieht November durch die viel zu kalte Nacht
Wollt doch nur einfach wieder glücklich sein

Der Morgen bringt mir eine neue Zeit
Es ist November und mich zieht es fort
Ich pack die Koffer
Und ich fühl mich nicht befreit
Es zieht November durch die viel zu kalte Zeit
Und es fällt kein einzig kluges Wort

Der Sturm treibt wieder mich nach Haus zurück
Es ist November, und noch nichts zu spät
Ich seh die Heimat
Und ich spüre plötzlich Glück
Es brachte der November
mich nach Haus zurück
Dort, wo man mich immer noch versteht

Anderer Ort

Irgendwo in dieser Stadt
Dort, wo keiner Namen hat
Fand ich dich am Rand der Zeit
Warst zu schnellem Sex bereit
Dort, am Ende aller Zeit
Irgendwo in dieser Stadt

Warfst dir harte Drogen ein
Bloß nichts fühln – das muss so sein
Träume, Liebe gibt's hier nicht
Niemand schaut dir ins Gesicht
Traum und Hoffnung gibt's hier nicht
Selbst das Bier ist selten rein

Tränen netzten deinen Blick
Wolltest Freiheit, nur ein Stück
Irgendwo in dieser Stadt
Wo kein Mensch mehr Namen hat,
bliebst du hungrig, warst nicht satt
Sehnsucht netzte deinen Blick

Als ich ging, bliebst du zurück
Bliebst im Schatten, ohne Glück
Irgendwo im Hinterhaus
stirbt so manche graue Maus
Dort hälts keiner lange aus
Kann man leben ohne Glück

Und schon bald fuhr ich nach Haus
Hier sieht alles anders aus
Trank den Sekt, so gegen 4
War doch noch so nah bei dir
Schloss die dicke Eingangstür
Weit entfernt vom Hinterhaus

Extended Mix 2

Schau aufs Meer hinaus
Sieh diese scheinbare Unendlichkeit
Staune, wie kraftvoll es die Wasser bewegt
Es lässt sich nicht zerstören
Schau auf dieses ewig existierende Meer
Es will dich nicht töten
Doch es zeigt dir seine Kraft
Es zeigt dir noch viel mehr
Denn du spürst Sehnsucht und Traurigkeit
Und du spürst Hoffnung auch
Hoffnung auf ein neues Leben
Du stehst ihm gegenüber und fühlst dich so klein
Fühlst dich so machtlos und so unbedeutend
Doch das bist du nicht
Das Meer zeigt es dir
Du bist stark wie das Meer
Du kannst dein Leben meistern, wie das Meer
Du musst kämpfen, wie das Meer
Und du kannst es schaffen
Denn du bist ein guter Mensch
Du zweifelst noch
Kannst dir nicht vorstellen, es zu packen
Doch das Meer liegt klar und deutlich vor dir
Ja, du bist ein guter Mensch
Und du bist wichtig auch
Deine Existenz hat einen Sinn
Suche nicht nach diesem Sinn
Denn du kennst ihn längst
Du lebst und das ist der beste Sinn
Das wird dir plötzlich klar

Hier draußen brauchst du gar nichts mehr
Außer nur dieses Wasser, dieses riesige Meer
Durch deinen Kopf schwirren die Gedanken
Deine Ängste sind hier plötzlich so klein
Du weißt, dass du sie bezwingen kannst
Das Meer erzählt es dir
Hör nur gut zu und sage nichts
Das Meer kann dich verstehen
Es kann dir sagen, was du wirklich willst
Wirst du dein Leben ändern
Du kannst es tun
Und alle Last fällt von dir ab
Alle Sorgen sind auf einmal ganz weit fort
Du fühlst unendliche Liebe tief in dir
Demut auch und Leichtigkeit
Schau auf dieses Meer, schau nur hin
Da ist Bewegung, da ist Kraft, da ist Leben
Auch du lebst und atmest stetig
Das Meer gibt dir ein Stück von sich
Es gibt dir Leben ab
Schau hinaus zum Horizont
Denn dort, wo das Meer den Himmel berührt,
ist deine Hoffnung neu entfacht
Und wenn sich die Dunkelheit
über alle Wogen senkt:
Verneige dich

Wir

Wir sind nur Blumen, die am Wege blühen
Zuerst als Körnchen, klein und in der Erde noch
Brauchen wir Wasser, Dung und etwas Mut
Zum Weiterwachsen in der Mutter drin
Und all die Liebe und die Wärme auch
Lässt uns erstarken und viel Gutes tanken
Doch blühen wir noch nicht und träumen
Bestimmt bald groß zu sein
Und aus der Erde strebend
Sind wir dann irgendwann bereit
Zum Aufbruch aus der Muttererde Schoß
Um zu verlassen diese gute Sicherheit
Den Himmel zu entdecken
Der doch so weit entfernt
Uns zu entfalten in endlos aufstrebender Zeit
In unsrer Pracht und Schönheit, vielgefächert
Und knospenreich, die Blüten balde platzend
Im Regen aufzublühen
Und in der Mitte unseres Seins
Die Welt zu sehen und zu spüren
Und die Sonne auch
Dem Sturm, der uns zerbrechen will
Widerstrebend
Nun viele Sprosse tragend und Keimlinge
Dem Winde anvertrauend
Weise und klug die Kälte bald begrüßend
So wird der Winter kommen
Und wir werden alt
Die Farbenpracht vergeht, die Kraft lässt nach
Und alle Blüten fallen

Und dem welken Blatte gleich
Nun der Abschied naht von dieser Welt
Und von der Erde
Wir waren Blumen nur, die irgendwo so zahllos
Und doch bereichernd
Alles Glück der Welt vereinen
Und wenn der Schnee liegt auf den toten Stielen
So wächst ganz unten in der Erd
Ein neues Leben

Worte

Du schwärmst von Orten, anderswo
Du sprichst von Disziplin, und so
Du träumst dein Leben dir zurecht
Doch irgendwie ist gar nichts echt
Du fühlst dich schlecht und gar nicht froh

Du redest dir die Tage schön
Du willst nicht hier sein, du willst gehn
Schon lange bist du nicht mehr Du
Und nachts kommst du nicht mehr zur Ruh
Du willst hier gar nichts mehr verstehn

Und wie du redest, träumst und klagst,
und nichts mehr tust und nichts mehr wagst,
vergeht die Zeit und du wirst alt
Der Sommer geht und bald ist's kalt
Weil du dein Leben stets vertagst

Bald liegst du flach, dem Tode nah
Und träumst von dem, was niemals war
Dann bleibt dir wirklich keine Zeit
Mit Sprüchen hast du sie vergeigt
Drum lebe jetzt
Mit Haut und Haar

Wünsche

Wünsche in der heißen Nacht
Regen fällt auf den Asphalt
Du hast mich nur angelacht
Bist verschwunden – gegen 8
Und der Wind weht nass und kalt

Träume mich in Deinen Arm
Irgendwie treibts mich zu Dir
Und im Herzen wird's mir warm
Wo nur bleibt Dein starker Arm
In mir spür ich Lust und Gier

Ja, ich werd Dich wieder sehn
Dort, in jener großen Stadt
Wenn wir tanzen durch Berlin,
wird das Glück die Angst verwehn
Weil ich doch noch Hoffnung hab

Am Meer

Der Abend kommt, mich zieht´s ans Meer
Ich sehn mir alles Schöne her
Hier kann ich vieles klarer sehn
Und weiß, das Meer wird mich verstehn

So viele Dinge tun sich auf
an diesem Strand, ich nehms in Kauf
Hier wo die Sonne untergeht,
Hier, wo ein raues Lüftchen weht

Dann träum ich mir die Sorgen fort
An diesem magisch, guten Ort
Ich fühl mich nicht mehr so allein
Am Meer möcht ich wohl immer sein

Ganz sicher war´s nicht immer leicht,
Oft hat es nicht ganz ausgereicht
Dann stand ich trotzdem wieder auf
und sah nach vorn und pfiff darauf

Mit meinem Stolz und festem Blick
stemm ich mich gegen Ungeschick
Und lass das Böse hinter mir
Ich hab noch meinen Traum in mir

Ganz tief im Herz ein Feuer brennt
Es ist so stark und mir nicht fremd
Es ist ein Lied und ein Gedicht
Es spendet Leben mir und Licht

Und meine Tränen, die so heiß
Ja selbst mein Lachen – laut und leis
Die Liebe auch zum Heimathaus
All das bin ich, das macht mich aus

Ich weiß, in mir steckt so viel Kraft
Im Leben hab ich viel geschafft
Dies Auf- und Ab hat mich geprägt,
Und neue Zuversicht gesät

Ja, viele Jahre sind vorbei
Bin nicht mehr jung, doch einerlei
Die Hoffnung treibt mich durch die Zeit,
vorbei an Tränen, Frust und Leid

Nun ist es Nacht – ich bin noch hier
Ich brauche Dich, Du kluges Meer
Ich sitz am Strand und hör dir zu
Und träum mit dir, genieß die Ruh

Sag mir

Sag mir, warum hilfst Du nicht
Lieber Gott im Himmelzelt
Schau mir doch mal ins Gesicht
Sag, warum hilfst Du mir nicht
Es ist kalt auf Deiner Welt

Sag mir, warum sprichst Du nicht
Lieber Gott, dort, irgendwo
Spende doch mal Trost und Licht
Sag, warum nur sprichst Du nicht
Bin so einsam und nicht froh

Sag mir, warum bleibst Du fort
Lieber Gott, Du großer Mann
Hörst Du nicht mein fragend´ Wort
Sag, warum nur bleibst Du fort
Ich zerbreche irgendwann

Sag mir, gibt's Dich überhaupt
Lieber Gott Bist Du Prophet
Bist Du leise oder laut
Scheinst doch irgendwie vertraut
Kennst Du meinen rechten Weg

Sag mir, wann kommt meine Zeit
Lieber Gott, Du bist so fern
Überall scheint Dunkelheit
Sag, wann kommt mal meine Zeit
Plötzlich strahlt ein heller Stern

Bei dir

Bei dir bin ich wohl immer gern
Auf diesem weit entfernten Stern
In meinem Traum ist's gar nicht weit
Von Abschieden schon längst befreit
So nah am Herz und doch so fern

In jeder Nacht komm ich zu dir
an diesen Ort – bis früh um 4
Wo die Gedanken zeitlos sind
Wo ich geblieben noch ein Kind
Erinnerungen ziehn in mir

Sehnsucht

Wenn der Oktober geht, dann hab ich Sehnsucht
Sehnsucht nach der Heimat
Die viel zu weit entfernt vom Jetzt,
und fern von allem Treiben liegt
Dann geh ich durch die Straßen dieser Stadt,
die ich so lange nicht gesehen hab
Und die Menschen schauen mich an
Wer ist der Mann
Und ich schau in die zahllosen Gesichter
Wer ist der Mann
Und jede Straße scheint mir so vertraut
Mir scheint, ich war nie fort
Ich wünscht es manchmal so
Und muss doch wieder gehn
Und der kühle Herbstwind
zieht durch meine Seele
Plötzlich seh ich ein Kind in einer Seitenstraße
Es lacht mich an
Auch ich hab hier gelacht, gespielt, geweint
Damals
In der Dämmerung gehe ich die alten Wege
Ich kenn sie noch
Vor der alten Schule wieder diese merkwürdige
Angst – wie damals
Ein kleines, wackliges Gebäude – jetzt
Ich schau mich um,
suche nach vertrauten Gesichtern
Da sind so viele Jahre zwischen uns

Du jetzt so kleine Welt, die ich so liebte,
hasste, brauchte
Ich war doch glücklich einst in deinen Armen
Erinnerungen sind ganz nah
Der kindlich schöne Weihnachtsglanz
Und Mutter versteckte die Geschenke
Wir hatten noch echte Kerzen am Baum
Noch heute lieb ich meinen Weihnachtsbaum
Träum oft von ihm und wünscht, er wär bei mir
Und wünscht, er sollt mir helfen,
durch all die schwere Zeit
Oh Heimatstadt
Vertraute Kirche
Dort sangen wir die Weihnachtslieder
So unbeschwert
Und jenen längst vergangenen Tag
Ich spür ihn noch – er ist so nah
Alles ist so nah – hier in meiner Stadt
Und ich bin doch so fremd
Ich schließe den Kragen von meinem Hemd
Und auch vom Mantel, der mich wärmt
Trotzdem ist mir kalt
In meiner Stadt – ich bin hier fremd – jetzt
Und muss nun fort
Ade du Zauberwald, du märchenhafter Ort
Geschichtsbuch meiner Seele
Ein heißer Tee für meine rau geweinte Kehle
an jener Bude dort im Park
Die Dämmerung verklärt den Blick,
verklärt die alte Stadt
Könnt ich hier noch mal sein
Für ein paar Stunden war ich wieder klein

Ein leiser Regen fällt – und Schnee
Ob ich dich wohl nochmal wiederseh
Du, meine kleine Heimatstadt
Mein Auto braust davon in eine andre Welt
Die Kindheit, sie entschwindet
Und alle Freuden, Ängste *-von damals-*
zerfließen in der schwarzen Nacht
Und schnell verschwinden die wenigen
Lichtpunkte im Nirgendwo
Bald bin ich weit entfernt von jener Stadt,
die niemand kennt und niemand findet
Wo keiner etwas von mir weiß
Mir bleibt nur eine kleine Ausfahrt
an der Autobahn

Dämmern

Es dämmert schon,
Ein Duft zieht um mein Häuschen
An diesem Ort
zieht Müdigkeit nun ein
Ich schau mich um
Da piepst ein winzig´ Mäuschen
Und irgendwie
fühl ich mich sehr allein

Ein greller Blitz
Es wird mir immer schwüler
Und Regen wäscht
die Fenster wieder klar
Da wünscht´ ich mir,
es wäre etwas kühler
Doch nichts bleibt so,
wies vorher einmal war

Der Sommer naht
Ich spür schon jetzt die Hitze,
die mir so mache Stund
den Atem mir fast nahm
Da ist auch Angst
Sie kriecht durch manche Ritze
und reibt sich voller Lust
an meiner Seele wund

So will ich ziehn
in kühlere Gefilde
Wo manches nicht
so heiß gegessen wird
Ich mag sie nicht
die Angst, die immer wilde
Such nach der Ruh,
und such auch mein Gesicht

Es dämmert lang
Die Nacht wird gleich beginnen
Kein Regen mehr
Und auch kein greller Blitz
Ich weiß genau,
die Angst wird bald verrinnen
Der Sommer kommt,
und auch so mancher Witz

Die Angestellte

Es war ein Morgen, irgendwann
Der Kaffee schmeckte schlecht, so schlecht
Noch schnell ein Küsschen für den Mann
An diesem Morgen, irgendwann
Sie macht´ es allen immer recht

An jenem Tag, als Regen fiel,
war´s trübe noch und seltsam lau
Ihr Job war hart, kein leichtes Spiel
Der Tag war grau und Regen fiel
Sie war ´ne starke schwache Frau

Sie sah das Elend vis-à-vis
Und mancher Fall wog tonnenschwer
Sie hielt es durch wohl irgendwie
Sie sah manch´ Trauer vis-à-vis
Doch auch sie selbst schien müd und leer

Vorm Spiegel in der Pause dann,
da sah sie sich und weinte leis
Ein Handyklingeln – wohl der Mann
Vorm Spiegel jetzt – minutenlang
Und irgendwo zerschmolz das Eis

Was, wenn sie einfach wortlos ging
Dorthin, wo alles Glück vielleicht
Dorthin, wo aller Segen hing
Wer fragt, wenn sie jetzt einfach ging
Ob´s für das Leben dann noch reicht

Sie schloss die Augen, hielt sich fest
Sie wankte hin und wieder her
Was, wenn man sich mal treiben lässt
Sie hielt am Waschbecken sich fest
Im Leben geht so manches quer

Was für ein schöner ferner Traum
Sie wischte sich die Tränen fort
Mit Seife und mit reichlich Schaum
wusch sie sich ab, den großen Traum
Man rief nach ihr, mit lautem Wort

Und lächelnd lief sie schnell zurück
Ein neuer Kunde wollte Rat
Wo liegt des Lebens größtes Glück
Sie lief nur ins Büro zurück
Und tat, was sie sonst immer tat

Sie sagte „Ja"
Sie sagte „Nein"
Der Arbeitstag ging schnell vorbei
So musste es wohl immer sein
Ein Leben zwischen *Ja* und *Nein*
Ihr Mann kam heim, so gegen 3

Die Fee

Von fern spielt eine Melodie
Und irgendwo, da sah ich sie
Ein Zauber drang ins Herze mir
Am Weihnachtsabend gegen 4

Vom Schnee verweht ihr Angesicht
Sie tanzte leicht im Kerzenlicht
Ihr weißes Kleid – ein Sternenmeer
Und Glück und Friede um uns her

So leicht erschien mir da die Welt
Ganz ohne Leid und Hass und Geld
Ihr Lächeln schien fern aller Zeit
Mein Aug von Tränen längt befreit

Sie flog davon – sie blieb nicht hier
Am Weihnachtsabend gegen 4
So etwas Schönes sah ich nie
Mir blieb die ferne Melodie

Er

Er war ein großer, starker Held
Er hatte Ruhm, Erfolg und Geld
Er hatte eine Frau, so schön
Man hat ihn selten lachen sehn
Er liebte nicht die schöne Welt

Die Nachricht kam tief in der Nacht
Er hat sich plötzlich umgebracht
Ein Bahndamm, irgendwo am Wald
Da war es einsam, trist und kalt
Und Regen fiel in jener Nacht

So viele Menschen kannten ihn
Er hatte eine Frau, so schön
Er war ein Star, er sah gut aus
Er hatte auch ein großes Haus
Und sah im Leben keinen Sinn

Der Bahndamm liegt so schweigend da
Es regnet nur, wies öfter war
Er hatte Kinder, hübsch und schön
Man hat ihn selten lachen sehn
Er war ein junger, großer Star

Kühle

Es war im Frühling, als ich dich hier gefunden
Am weißen Strand, da hab ich dich geküsst
Vorbei die Einsamkeit und alle trüben Stunden
Vorbei die Trauer, die tränenreich und trist

Es zog der Sommer ein in unsre wilden Herzen
Am weißen Strand, da träumten wir vom Glück
Auf unsrer Sandburg erstrahlten hell die Kerzen
Du brachtest mir die allerbeste Zeit zurück

Es kam der Herbst mit Stürmen,
Streit und Regen
Und hat die Sandburg
und die Kerzen fortgeweht
Da starb die Hoffnung
auf ein schönes neues Leben
Denn Du gingst fort
Für uns war´s längst zu spät

Es lag der Winter auf der traurig müden Seele
Der weiße Strand schien weißer
wie niemals zuvor
Und als vom Frühling
ich der Möwe was erzählte,
vergaß ich bald, dass ich dich hier verlor

Der Schauspieler

Er hatte einfach nur gelacht
Der Schauspieler im letzten Akt
Er sah uns an und hat gelacht
Woran nur hatte er gedacht
Der Schauspieler im letzten Akt

Er spielte so unsagbar gut
Der Schauspieler gab alles hin
Er weinte auch und zeigte Wut
Ging es ihm wirklich immer gut
Der Schauspieler gab sich nur hin

Am Ende ging der Vorhang zu
Der Schauspieler schminkte sich ab
Er wollte jetzt nur seine Ruh
Der Vorhang ging für heute zu
Es war ein wirklich guter Tag

Dann ging er heim, tief in der Nacht
Die Frau, die Kinder schliefen schon
Ein Kuss für alle, nur ganz sacht
Denn es war still und es war Nacht,
fernab vom Bühnenmikrofon

Und als er träumte, selbst sich sah,
da spürte er auch Einsamkeit
Wer er im Spiel auch immer war,
er blieb allein dort, unnahbar
Und Frau und Leben schienen weit

Er brauchte den Theaterschein
Die Kinder hatten ihn vermisst
Er wollte jemand anders sein
Ein Leben zwischen Schein und Sein
Er hat die Frau nur sacht´ geküsst

Am nächsten Morgen gegen 8
ging er zur Probe für sein Stück
Er hat „Adieu" nur leis gesagt
Ging ins Theater gegen 8
Denn dort, nur dort fand er sein Glück

Er hatte wieder gut gespielt
Der Schauspieler im letzten Akt
Ob er sich wirklich wohl gefühlt
Wer weiß das schon – er hat gespielt
Ein Schauspieler im letzten Akt

Mein Weg

Irgendwo auf meinem Weg
frag ich mich: *„Wo steh ich jetzt"*
Weiß nicht, wies wohl weitergeht
Irgendwo auf meinem Weg
Halt ich durch Bin ich verletzt

Seh die Kind- und Jugendzeit
Mann, war ich da dumm und schwach
Dann die Lehre – manches Leid
Bis zum Mann unendlich weit
Sturheit brachte Streit und Krach

Viele Pleiten, Tränen auch
Alkohol und Einsamkeit
Manchmal stand ich auf dem Schlauch
Hass und Liebe – ja, das auch
Trotz vielleicht Besessenheit

Auf der Jagd, und selbst doch Ziel
Blind vor Eifersucht und Hass
Manchmal war's ein großes Spiel
Schoss daneben, nicht ins Ziel
Fand nicht immer meinen Spaß

Mal ging's runter, mal ging's rauf
Berg- und Tal-Bahn immerfort
Nie gab ich die Träume auf
Runter ging's, und auch bergauf
Meine Seel – kein kluger Ort

So wird's immer weiter gehn
Bin ein Clown, der niemals ruht
Irgendwann die Welt verstehn
Und die Zeit, sie wird vergehn
Niemals stockt mein wildes Blut

Irgendwo auf meinem Weg
Frag ich mich: „*Wo geht's noch hin*"
Weiß nur, dass es weitergeht
Irgendwie auf meinem Weg
Auf der Suche nach dem Sinn

Mona Lisa

Was für ein göttliches Gesicht
So wunderschön
Ich kann mich gar nicht satter sehn
Und dieses Lächeln,
welch wundervoller Schein
Dies kann fürwahr ein Traum nur sein

Mir ist, als sei im Himmel ich
So meisterlich
Dies unbeschreiblich Wesen
Nein, etwas Schöneres gibt's wohl nicht
Dies zauberhafte Angesicht

Bleibt mir vielleicht für immer
In den Träumen
Und auf die Knie sink ich vor Dir

Am Ende allen Seins mit Dir
Und jenseits doch
Ein märchenhafter Schimmer

Manchmal

Manchmal ist die Welt nicht schön
Niemand darf dich weinen sehn
Willst nur stark sein wie ein Baum
Bleibst doch fern von jedem Traum

Schlägst dich durch, willst hoch hinaus
Lachst nur schrill- und andre aus
Doch im Bett des Nachts um 3
Ist's mit deinem Mut vorbei

Kannst nicht schlafen, du hast Angst,
weil du nicht mehr weinen kannst
Und dein Herz schlägt viel zu schnell
Es ist dunkel, gar nicht hell

Irgendwann, du glaubst es nicht,
flackert arg dein Lebenslicht
Du fällst um, ganz einfach so,
in der Firma, irgendwo

Keiner fragt dich, wie dir's geht
Doch du ahnst, es ist zu spät
Längst hat man dich schon ersetzt
Keiner fragt, ob du verletzt

Schwach liegst du im Krankenbett
Keiner kommt und lächelt nett
Schmerzen hast du, auch im Kopf
Fühlst dich wie ein armer Tropf

Plötzlich spürst du eine Kraft,
Fühlst ganz neuen Lebenssaft
Alle Trauer weicht von dir
Sonnenlicht fällt durch die Tür

Du stehst auf, schaust nicht zurück
Gehst nach vorn ins Lebensglück
Und du drehst dich wild im Tanz,
weil du wieder weinen kannst

Für einen Star

Ein Film, ein Mensch, ein Angesicht
Sie ist ein Star und sieht gut aus
Sie scheint so stolz und steht im Licht
Sie trägt ein Leben im Gesicht
Man kennt sie in fast jedem Haus

Sie lacht und weint – ihr Film ist gut
Ich seh sie gern zu jeder Zeit
Und wenn sie spielt mit heißem Blut,
fühlt sich auch meine Seele gut
Ihr Spiel hat mich schon oft befreit

Doch wenn sie dann nach Hause geht,
so fern von Film und Bühnenschau,
wer fragt, ob man sie dort versteht
Wer sagt ihr, wies wohl weitergeht
Ist sie zu Haus noch stark und schlau

Vielleicht rinnt in so mancher Stund
ein Tränenmeer ins Taschentuch
Vielleicht liegt auch die Seel mal wund
Vielleicht läuft manchmal gar nichts rund
Erreicht auch sie manch bittrer Fluch

Ich weiß es nicht und freu mich sehr
Denn sie ist da und spielt für mich
Manch Schweres scheint nur halb so schwer
Sie ist ein Star – ich freu mich sehr
Ein Film, ein Mensch, ein Angesicht

Resignation

Mein Leben brachte mir kein Glück
S' ging abwärts nur, so Stück um Stück
Und Asche rinnt mir durch die Hand
Mein Leben scheint längst abgebrannt

Die Träume waren groß, so groß
Einst fruchtete ein kleiner Spross
Da träumte ich vom klugen Weg
Dass es vielleicht mal aufwärtsgeht

Ich kam sogar schon ziemlich weit
Ganz kurz sah ich 'ne bessre Zeit
Doch fiel mein Schicksal tief ins Loch
Und kroch auch niemals wieder hoch

Was ich vor Jahren aufgebaut
hat mir der Teufel längst versaut
Der liebe Gott ließ mich im Stich
Nie sah ich ihn, und sein Gesicht

Allein und einsam sitz ich nun
auf meinem Sofa blöd herum
Ganz ohne Kraft und ohne Geld
bleibt draußen alle schöne Welt

Was nutzte mir mein wacher Sinn
Er brachte keinen Reingewinn
Was nutzte alles schlaue Wort
Das trug schon lang das Böse fort

Ich wollte mal ganz hoch hinaus
Und blieb doch nur ´ne graue Maus
Ein Niemand ohne Glanz und Mut,
der längst ertrank im Selbstbetrug

Der dümmste primitivste Mob
fuhr mit den tollsten Autos fort
Und dümmlich machten die mir klar,
ich wär nur Abfall und kein Star

Verbannt bin ich im Höllenschlund
Mich pinkelt nicht mal an ein Hund
Nach all den Niederlagen jetzt
zieh ich zurück mich, arg verletzt

Und warte auf den letzten Tag,
wenn mich der Teufel holen mag
Mein Leben blieb ein Augenschlag,
der angefüllt mit Frust und Klag

So bleibt am End ein Trauersang
Mein Spiegel schwieg ein Leben lang
Einst träumte mir vom guten Weg
Doch alles ward vom Wind verweht

Zeit

Die Zeit lässt manchmal uns zurück
Sie schlägt uns nieder, gnadenlos
Doch geht sie weiter Stück um Stück
Und manchmal lässt sie uns zurück
Und trägt uns doch in ihrem Schoß

Sie klärt nicht auf und ordnet nicht
Sie trennt so viele einfach so
Sie schaut nur zu, wenn was zerbricht
Ist gnadenlos und rettet nicht
Sie macht uns traurig und auch froh

Doch ist sie auch der Ruhe gleich
Und lässt uns Raum zum Neubeginn
Durch sie sind manche Träume reich
Die Zeit bleibt immer wieder gleich
Nur wir verleihen ihr den Sinn

Sie gibt uns eine neue Chance
Denn sie ist da und bleibt nie stehn
Sie gibt dem Leben die Balance,
Wir brauchen alle eine Chance
Die Zeit lässt Altes bald vergehn

So freu ich mich als Kind der Zeit,
dass ich es selbst entscheiden kann
Ich zieh durch Glück und auch durch Leid
Und zieh gelassen durch die Zeit
Ich pack mein Leben – irgendwann

Im Wald

Erinnerung an alte Zeiten
Irgendwo im tiefen Wald
Wollt mit dir zusammenbleiben
Doch die Liebe wurde kalt

Konnte dich nicht länger halten
Du gingst fort aus dieser Stadt
Und ich spür den Wind, den kalten
Weil ich nichts zum Wärmen hab

Hier im Wald ist so viel Ruhe
Ahn dich hinter jedem Baum
Schmutzbeschwert sind meine Schuhe
Schmutzbeschwert scheint mancher Traum

Hintern Busch ein wilder Eber
Selbst dies Schwein will nichts von mir
Bis zu ihm sind´s nur drei Meter
Endlos weit ist´s bis zu dir

Auf dem Hochsitz mach ich Pause
Einen Whisky auf uns zwei
Früher gab´s für uns nur Brause
Ohne Pep war´s schnell vorbei

Plötzlich ist es Nacht geworden
Und ich spür die Kälte schon
Nein, ich bin noch nicht gestorben,
auch wenn ich nicht bei dir wohn

Werd dir sicher nochmal schreiben,
weil ganz tief im Herz was blieb
Erinnerung an alte Zeiten-
Denn ich hab dich doch noch lieb

Schlaflos

Noch ist es Nacht
Ein Schneesturm lässt mich grüßen
Ich bin schon wach
Die Uhr zeigt Viertel 3
Ich lieg nur da,
wein wieder in die Kissen
Vor lauter Angst
Die Träume sind vorbei

Ich fühl mich schlecht
Der Atem stockt behände
Ich weiß nicht mehr,
wie soll´s nur weiter gehn
Ich wünscht es so,
dass ich ´ne Lösung fände
Doch es ist Nacht
Und ich kann nichts verstehn

Da Ein Geräusch
Ein Brausen vor dem Fenster
Ich springe auf,
schau in die Dunkelheit
Ein rotes Licht
Sind das vielleicht Gespenster
Bin ich vielleicht
am Ende nicht gescheit

Doch seh ich bald
Ein Auto fuhr ´gen Westen
Verschwindet schnell
im Schneesturm und im Nichts
Wär eine Flucht
nicht auch für mich am besten
Bin ich nicht schon
am Ende allen Lichts

Es bleibt mir nur
das Pfeifen jenes Sturmes
Der jagt vorbei
und lässt mich hier zurück
Ist´s Dummheit nur
Die Ohnmacht eines Wurmes
Bin ich vielleicht
verlassen längst vom Glück

Ich komm nicht drauf
Versuchs nochmal mit Schlafen
Und sinke bald
in irgendeinen Traum
Und fern sind sie
Die Bösen und die Braven
Von dieser Nacht
bleibt letztlich doch nur Schaum

Weihnachtsgeschichte

Ein Weihnachtsabend gegen 3
Das junge Paar sitzt unterm Baum
Ein kleines Kind ist auch dabei
Es ist an Weihnacht gegen 3
Was für ein schöner Weihnachtstraum

Gleich gibt's Geschenke reichlich, satt
Das Kind, gespannt, ist voll von Glück
Der Weihnachtsmann kommt in die Stadt
Und bringt Geschenke, reichlich, satt
Und Papa kennt den Weihnachtstrick

Er geht hinaus und lächelt leis
Und sagt noch schnell: *„Gleich ist's soweit"*
Die Spannung steigt, dem Kind wird's heiß
Der Papa lächelt nur ganz leis
Und so vergeht die Stund, die Zeit

Die Mutter nimmt das Kind zu sich
Und streichelt sacht ihm übers Haar
„Wo bleibt der Papa", fragt sie sich
Und nimmt das Kind ganz sacht zu sich
Der Weihnachtsmann ist noch nicht da

Der Abend geht, längst schläft das Kind
Es hat nach Papa kurz gefragt
Vorm Hause streicht ein eisig' Wind
Die Mutter bracht ins Bett das Kind
Und hofft am Fenster voller Klag

Wo bleibt der Papa, wo der Mann
Warum in dieser Weihnachtsnacht
Lang schaut im Spiegel sie sich an
Wo bleibt nur unser Weihnachtsmann
Hat der sich aus dem Staub gemacht

Am nächsten Morgen klingelts früh
Zwei Polizisten stehn vorm Haus
Sie stelln sich vor und fragen sie
Für manche Nachricht ist´s zu früh
So sieht kein Weihnachtsmorgen aus

Man fand den Wagen irgendwo
Zerschellt an einer Häuserwand
Da war das Glatteis, einfach so
In einer Straße, irgendwo
Den Toten man erst morgens fand

Die Polizisten gehen schnell
Nach Haus, wo Weihnachtsmusik singt
An jenem Morgen wird´s nicht hell
Und mancher Tod kommt eben schnell
Manch´ Papa nie Geschenke bringt

Das Kind erwacht so gegen 10
Und fragt nach seinem Papa bald
Die Mutter bleibt im Zimmer stehn
Es ist an Weihnacht, früh um 10
Und in der Wohnung ist´s so kalt

Sie nimmt das Kind in ihren Arm
Und drückt es fest ans Mutterherz
„Wolln wir zum Weihnachtsmann jetzt fahrn"
Sie hält das Kind ganz fest im Arm
Und schluckt hinunter ihren Schmerz

Und alle Fragen bleiben fort
Es gibt auch keine Fragen mehr
Wo gestern noch ein schöner Ort
Bleibt aller Weihnachtszauber fort
Der Weihnachtsmann kommt nimmer mehr

Sie steigt ins Auto mit dem Kind
„Komm lass nach Papa uns jetzt schaun"
Es weht nur eisig kalt ein Wind
Sie fährt davon mit ihrem Kind
Auch draußen steht manch´ Weihnachtsbaum

Man sieht sie rasen übers Land
Es fällt der Schnee so weiß und dicht
Sie nimmt das Kind fest an die Hand
Es ist doch Weihnachten im Land
Die nächste Kurve sieht sie nicht

Dann ward es still – kein Schnee, kein Wind
Nur einsam steht ein Weihnachtsbaum
Sie stieg ins Auto mit dem Kind
Und wollt zum Weihnachtsmann geschwind
Nur einmal noch den Weihnachtstraum

Und irgendwo zur Weihnachtszeit
Da wartet manches Kind verzückt
Auf Papa mit dem Weihnachtskleid
Am Himmel hoch zur Weihnachtszeit
Sind stets drei Sterne voller Glück

Insel

Es war die ferne Insel
Im Sommer flog ich hin
Ich hatte schlechte Träume
Und suchte neue Räume
und einen neuen Sinn

Da waren so viel Tränen
und Ärger jeden Tag
So wollt′ ich einfach fliehen
Zu jener Insel ziehen
Vergessen all die Klag

Die Sonne schien vom Himmel
Der Stand lag menschenleer
Hier wollt′ ich ewig bleiben
Erleben neue Zeiten
Hier war es leicht, nicht schwer

Lag unterm Regenbogen
Und streifte durch den Wald
Und abends in der Kühle
Fand ich die alte Mühle
hab dort ein Bild gemalt

Schnell zog er fort, der Ärger
Die Tränen blieben mir,
weil Heimweh zog ins Herze
Im fahlen Licht der Kerze
ward klar, ich bleib nicht hier

Ich bin zurückgegangen
in meine ferne Welt
Mit meinem festen Willen
Konnt ich die Tränen stillen
Erkannte, was jetzt zählt

Vers

Was auch im Wege steht,
überwind es
Denn du bist ein Mensch und weißt,
es wird alles gut

Nur du wirst es sein, der etwas ändern kann
Sei nur stark und wisse
Du wirst es schaffen

Wenn du auch irgendwann
mal zweifelst
Geh nach vorn und dreh dich nicht um
Es wird dir gelingen

Und alles wird so, wie du es willst
Sei nur stark und gewiss
Du wirst es schaffen

Manchmal vielleicht

Manchmal möcht man´s einfach wissen
Schreien in die Welt hinaus
Möcht die Welt, die Sterne küssen
Manchmal möcht man´s wirklich wissen,
Einfach rennen aus dem Haus

Manchmal möcht man einfach singen
Irgendwas, ganz laut und schön
Möcht die Welt zum Klingen bringen
Manchmal möcht man Lieder singen
Und nie wieder schweigend gehn

Manchmal möcht man nur noch träumen
Von der Liebe und vom Ruhm
Manchmal will man überschäumen
Und dann möcht man alles träumen
Nur verrückte Dinge tun

Manchmal möcht man einfach leben
Einmal nur der Erste sein
Manchmal möcht man alles geben
Und das große Glück erleben
Freiheit spüren, klar und rein

Manchmal möcht man richtig lieben
Wie im Rausch und Überschwang
Sich ergeben allen Trieben
Manchmal möcht man ewig lieben
Küssen, Kuscheln, nächtelang

Manchmal lebt man in den Träumen
Und die Welt ist ganz weit fort
Schön ist's unter Mandelbäumen
Ja, wir brauchen was zum Träumen
Und den fernen guten Ort

Träne

So manche Träne sieht man nicht
Sie wird geweint nur – irgendwo
Sie ist nicht groß, hat kein Gewicht
Man sieht so manche Träne nicht
Doch kommt sie oft, ganz einfach so

Sie zeigt in unsrer starken Welt,
dass man auch schwach ist, klein und dumm
Und wenn sie uns vom Auge fällt,
dann sehn wir anders diese Welt
Sie sagt so viel und bleibt doch stumm

Sie bleibt bei uns ein Leben lang
Sie kennt das Glück und auch das Leid
Egal, ob kerngesund, ob krank,
Sie ist stets da, ein Leben lang
Manch Seele wird durch sie befreit

Nein, ohne Tränen geht es nicht
Sie ist so wichtig, gut und klar
Sie gibt uns erst ein Angesicht
So manche Träne sieht man nicht,
denn sie ist klein und unscheinbar

Heimgang

Mein Sinn stand mir nach Nord und Süden
Ich wollte fort, woanders hin
Ich fand hier nicht den stillen Frieden
Mich zog es nur nach Nord und Süden
Hier fand ich gar nichts gut und schön

Da zog ich aus in ferne Lande
Und suchte nach dem großen Glück
Und fern am Meer, am weiten Strande
Lag ich im warmen weißen Sande
Und wollte wirklich nie zurück

Doch ewig wollts nicht Sommer bleiben
Der Strand lag einsam wie mein Herz
Da kamen eisig kalte Zeiten
Ich konnt nicht leben, konnt nicht bleiben
Und fuhr zurück, ganz ohne Schmerz

Bald war die Winterzeit vergangen
Und Sonne fiel ins neue Land
Ich fühlt mich nicht mehr unverstanden
Ich bin ins Heimatland gegangen
Wo ich bald neue Hoffnung fand

Regenguss

Ein Regenguss fällt in dein Leben
Ein Regen fällt in deinen Tag
Du schimpfst und fluchst und willst nicht beten
Doch irgendwann, da trifft es jeden
Und du vergehst in Leid und Klag

Ein Donnerschlag zerreißt die Seele
Ein Donnerschlag zerbricht dein Hirn
So wundgeschrien die trockne Kehle
Dass diese Zeit bloß schnell vergehe
Dass dich die Ängste nicht verwirrn

Ein Blitz zuckt grell in deine Augen
Ein Blitz verbrennt den müden Blick
Fast blind suchst du nach Gottvertrauen
Und willst den Menschen wieder glauben
Doch du bewegst dich nicht ein Stück

Absturz

Vom hohen Ross bist du gefallen
in einen Spalt, der tief und hart
Dir fehlt die Kraft zum Fäuste ballen
Dir fehlt die Kraft zum neuen Start

Von goldnen Ketten, Edelsteinen,
blieb dir doch nichts, als nur du selbst
Und von dem Leben, dem gemeinen,
blieb süßer Schnaps, in dem du schwelgst

Die Träume von der großen Liebe,
zerplatzt bei Sonnenuntergang
Die Zeit der Nacht und dunklen Triebe
verändert dich ein Leben lang

Sturm

Ein Sturm dringt ein in die Gedanken
Er fegt die letzten Tränen fort
Und plötzlich brichst du alle Schranken
Du fühlst dich nicht mehr unverstanden
Brichst auf zu einem neuen Ort

Die Hoffnung birgt stets neues Leben
Geh einfach los, hör auf dein Herz
So vieles kannst du jetzt bewegen
Denn Hoffnung birgt stets neues Leben
Dein Wille treibt dich himmelwärts

Den Wind zu spürn, die Sonne sehen,
dies alles gibt es nicht für Geld
Mensch komm, steh auf, du kannst verstehen
Auch du wirst bald die Sonne sehen
Und kämpfen auch für deine Welt

Ja du bist gut Weiß um dies Wissen
Mach deine Träume endlich wahr
Dann wird ein besserer Tag dich grüßen
Denn du bist gut und willst es wissen
Dein Leben wird ganz wunderbar

Traum

Auf dem Weg ins Zauberlande,
mit dem Segelboot weit fort
An den weißen fernen Strande
An den unbekannten Ort

Zog ich nachts mit Dir im Traume
Und mein Herz schlug laut, so laut
Dort am Rand von Zeit und Raume
prickelte die nackte Haut

Und wir küssten uns im Winde,
der uns durch die Seele strich
Jene Nacht der großen Sünde
blieb am End doch trügerisch

Ach lass

Ach lass mich atmen jeden Tag
Und lass mich hörn den Glockenschlag
Dass Ruh zieht ein in jedes Haus
Dass alte Geyer fliegen aus

Ach lass mich hoffen auf das Glück,
das kommt beständig Stück um Stück
Dass niemals mehr wir einsam sind
Dass uns jetzt treibt ein frischer Wind

Ach lass mich lieben jene Welt
Dass unser Traum nicht mehr zerfällt
Dass nimmermehr die Ros verblüht
Dass etwas Großes bald geschieht

Ach lass beginnen unsre Zeit
Denn dafür sind wir längst bereit
Bewahre uns vor Leid und Not
Und lass uns unser Täglich-Brot

Kalter Winter

Der Winter ist so kalt
Ich sehne mich nach Dir
In dieser Traurigkeit
Allein
Und getrennt von Dir
Bin ich am See
Er ist so kalt
Ich fühle mich nicht wohl
Und ein heftiges Gewitter droht
Es will mich töten

Fremde Gesichter
Sie sind mir unbekannt
Doch kenn ich sie
Von irgendwoher
Schatten in der Fremde
Spuren im Schnee
Mein eigener Herzschlag
Der mich betäubt
Er lässt mich nichts mehr fühlen
Und auch nichts sehen
Bin ich gar blind
Oder nur stumm
Zu dumm und blöd für dieses Sein

Blumen für die Spinner
Und keiner kann es so gut wie ich
Bin ich nicht ehrlich
Zu Dir
Zu mir
Zu allen um mich herum
Zu wem eigentlich
Ich lüge nie, und doch immer wieder
Weil ich's nicht anders kann
Ich bin doch klug
Oder etwa nicht
Wenn's um mich geht,
bin ich zu doof
Es bleiben tausend Fragen

Du gehst mit mir ins Ungewisse
In die Stadt der Angst
Die Stadt der Fremdheit
Du gehst mit mir ins Reich des Alleinseins
Des Fluches
Und der Flucht
In ein Reich der unbezwingbaren Sucht
Doch nur in den Gedanken
Ich torkele und spür sie nicht
Die Seele
Nein, ich bin noch nicht betrunken
Und Drogen sind mir fremd
Ich werd sie niemals nehmen
Es bebt das Meer, der Ozean
In jener Welt
Der Abgeschriebenen
Ich bin kein neuer Mensch

Ich bin schon alt
Und jung geblieben
Und doch so fern von allen Lüsten oder Trieben
Im Moment
Denn Du bist fort
Und all die Fremden um mich herum
Sind wie Gespenster
Sind ohne Namen
Und ohne Gefühle auch
Mich drängts zur Flucht
In neue Räume
In einen anderen Schoß
Und dann wird auch die Sonne wieder scheinen
Denn in diesem Leben
Kann ich ändern
Und bleibe dennoch
Immer *ich*

Garten

In meinem Garten
Möcht ich wieder ernten gehn
Wenn reifes Obst herniederfällt
Will ich nimmer warten
Und laue Winde wehn

Im fernen Tale
Da will ich wieder ruhn
Wenn's Zeit ist und ich leb
Will nah dem Wasserfalle
Die größten Schritte tun

Am wilden Flusse
Will ich unendlich Leben spürn
Wo Neues wechselt schnell
Dir, Welt – und Gott zum Gruße
Will ich mich selbst verführn

Abschied

Ich steh auf einer Brücke
Gespenster spieln im Fluss
Im Hirn klafft eine Lücke
Die Seel braucht eine Krücke
Im Hirn nur eine Lücke
Ich habe keine Bitte
Und hab auch keinen Gruß

Die Nacht senkt sich hernieder
Ich wart auf irgendwas
So fern die Sommerlieder
Ich schau aufs Wasser nieder
Wann kommt die Hoffnung wieder
Und jene Sommerlieder
Und aller Lebensspaß

Die Uhr schlägt Mitternachte
Und Nebel steigt empor
Die Kälte kommt ganz sachte
Du gingst, eh ich es dachte
Warst fort, als ich erwachte
Jetzt schlägt's nur Mitternachte
Ein Spiel, das ich verlor

So gern wär ich gesprungen
Doch größer schien die Angst
Es ist mir nicht gelungen
Und dort, wo wir gesungen
Mit Herz und aus den Lungen
Da bin ich nicht gesprungen
Ob Du wohl um mich bangst

Es naht der neue Morgen
Ich schrecke hoch, s ist Fünf
Im Schweiße aller Sorgen
Lieg ich bei Dir geborgen
Im weichen Bett verborgen
Und Du lachst ohne Sorgen
Ich hab noch an die Strümpf

Wenn

Wenn Du sagst,
Du liebst mich nicht,
dann bin ich tot
Noch vor der Zeit
Wenn Gott mich will
Der weiß darum
Und wird mich ewig lieben
Und Du
Du schweigst
Ein bittres Schweigen
Einerlei der Zeit
Und immer wieder so
Du hast mich umgebracht

Wenn Du sagst,
Du magst mich nicht,
stirbt auch die Zeit
Und alles war umsonst
Wo ist nur Gott- sag wo
Und hilflos starr ich in die Schlucht,
die vor mir schreit
Und schweigt
Wo sind die Jahre meines Lebens
Sie fallen in die bittre Tiefe
Die sanft und süß
die Ruh mir gibt
Du hast mich umgebracht

Wenn Du sagst,
dass Du nichts sagst,
dann muss ich gehn
von Dir
Ins Land meiner Gedanken
Und Du hast nie gefragt danach
Und ich bin froh-
Du konntest mir das nicht rauben
Denn ich geh zu Gott
Den Du nicht kennst
Und in den fernen Bergen
suchst Du nicht nach mir
Das Eis lässt Dich erstarren
Und klar wird Dir
Tot bin ich zwar
Doch bin ich stets bei Dir

Ich bin der Fremde Deiner Seele
Und kenn Dich gut
Weil ich es eben bin
Und doch bin ich´s gewesen
Ich bin so weit von Dir
Die Reise durch den Kosmos
bracht mich doch heim zu Dir
Jene Odyssee, die uns geeint
In andrer Dimension
Die Körper schwinden
Ich bin daheim
Oh Dank Dir, Gott
Ich bin daheim
Und werd es ewig bleiben

Morgen

Wenn die frühen Nebel
über saftge Wiesen steigen
Und ein erster Sonnenstrahl
die trüben Augen öffnen will,
möchte auch ich nicht länger
in der dunklen Nacht verweilen
Muss raus ins Leben
Denn ich hab ein gutes Ziel

Doch mag ich niemals
Deinen starken Arm vermissen,
der mich noch hält
Denn Du liegst schlafend neben mir
Viel lieber würd ich
Deinen schönen Körper küssen
An diesem Morgen
Ich spüre herbe Lust nach Dir

So atme ich noch mal
den süßen Duft von Deinen Haaren
Spür wie Dein Körper
Langsam nah an meinen kriecht
Und wie Dein Mund sich strafft
Mit sicherem Gebaren
empfang ich Deine Liebe
und das junge Sonnenlicht

Bis wir erschöpft
erneut die müden Augen schließen
Im Traum des Glücks
so nah wie nie vorher
Ein Spatz am Fenster
pfeift lustig, froh
Er will uns wohl begrüßen
Und in der Ferne rauscht
das wilde raue Meer

Meins

Die Tage winden sich
durch meine abgewrackte Seele
Ich geh allein
den längst vertrauten Weg im Park
Mein Herze schweigt,
wie meine ausgedörrte Kehle
Jenseits des Glücks,
Und meine Wunden schmerzen arg

Da war die Zeit,
als ich noch Hoffnung spürte
Als ich noch jung,
versuchte manches kleine Glück
Als ich mit Illusionen
meinen Lebensweg verzierte
Dumm und verträumt
Und viel zu oft verrückt

So manchen Streit
wollt ich mit Mutter führen
Naives Kind,
das niemanden verstand
Zog in die Welt
mit allzu vielen Starallüren
Hielt mich doch fest
an Mutters guter starker Hand

Die Jugend ging
und mit ihr auch mein Lachen
Und auch mein Traum,
der König dieser Welt zu sein
Da stand ich nun,
schwer fiel mir das Erwachen
Fand schwachen Trost
in feuerrotem Erdbeerwein

Ich wollt den Freund,
der meine Ängste kannte
Und schlich mich ein
in manches eisigkalte Herz
Und als ich selbst
an meiner Gier verbrannte,
erkannte ich das erste Mal
den nimmermüden Schmerz

Erinnerungen

Bunte Farben in den eingeschmolzenen Träumen
meiner Kinderzeit
Ich bin an einem Punkte angekommen,
an welchem ich nicht mehr weiter weiß
Und ich suche einen Rat
in den alten Märchenbüchern
Und ich wünsch mir die Wahrheit
aus den seidenen Zaubertüchern
Und weiß doch längst-
Ich bin schon lang zu alt
für diese fernen, fernen Spiele

Teddybären mit den blauen Schleifchen
und der grüne Wasserball
Er schwimmt behänd davon
auf den Wogen meiner kalten Tränen
Ich kann ihn nicht mehr halten
Ach Teddy,
gib mir doch wie früher einen Halt
Aber er schweigt, sie ist eben vorbei,
die Zeit der Feen und der Aschenputtel
Im zerbrochenen Spiegel
wirkt mein Gesicht so müde – oder schwach
Und es wirkt blass
Und ich spür es längst
Ich bin schon lang zu alt
für diese fernen, fernen Spiele

Die alten Kinderlieder,
wo alles noch so rein und klar,
wo ich mal unbeschwert und glücklich war,
sind längst verklungen
in verklärender Unendlichkeit
Die holt mir keiner mehr zurück
Jetzt rennt man wohl nach andren Sachen
Ich habe das Verlieren nicht verlernt
Und in den feuchten Nebeln
verwunschener morgendlicher Wiesen
seh ich der Liebsten makelloses Antlitz
nimmermehr
Gewesen ist gewesen
Und ich weiß es längst
Ich bin schon lang zu alt
für diese fernen, fernen Spiele

Der letzte Sommer

Als hell die Sonn erstrahlte,
sah sie ins Himmelblau
Der Tag ihr Lächeln malte
in jener Sonn, die strahlte
Die schöne starke Frau

Mit Schmerzen, kaum erträglich,
ging täglich sie hinaus
Der Sommer war so herrlich
Die Schmerzen unerträglich
So einsam stand ihr Haus

Am See unter den Bäumen
Lag sie so oft und gern
Sie gab sich hin den Träumen
am See, unter den Bäumen,
bis abends kam manch´ Stern

Ein Herbst zog auf von Norden
mit Stürmen, nass und kalt
Sie ist so sanft gestorben
Es kam ein Herbst von Norden
Sie wurde nicht sehr alt

Es ist so ruhig geworden
im Haus am See, beim Wald
Und wie an jedem Morgen,
wo es so ruhig geworden,
die schönste Sonne strahlt

Von ihr ist nichts geblieben
und doch scheint sie nicht fort
Ich wollt sie ewig lieben
Doch ist mir nichts geblieben
an diesem schönen Ort

Ich seh noch heut ihr Lachen,
als Sommer war im Land
Und fahr in einem Nachen,
so fern von ihrem Lachen,
am Ufer leis entlang

Es war ihr letzter Sommer
Ob sie mich hört und sieht
Mir scheint der ferne Donner
in jenem letzten Sommer
um Antwort fast bemüht

In Samt und auch in Seide
sang sie so gern vom Glück
So schwebt über der Heide,
in Samt und auch in Seide,
noch heut vom Lied ein Stück

Der Schnee deckt zu die Wipfel
Und kahl liegt Wies und Feld
Und übern steilen Gipfel,
fliegt Schnee über die Wipfel
Und ich zieh in die Welt

Wenn du

Wenn du manchmal einsam bist,
manchmal jemanden vermisst,
denk nur dran, da ist noch wer
Nimm die Tage nicht so schwer,
Weil du was Besondres bist

Wisse, du bist nie allein
Jeder trägt manch´ schweren Stein
Halt den Kopf nach oben stets
Denn du bist noch unterwegs
Vor dir lacht der Sonnenschein

Hürden gibt's zu jeder Zeit
Jeder kennt die Dunkelheit
Doch am Ende kommt das Licht
Manchmal sieht man es noch nicht
Glaub, es ist für dich bereit

Einst

Ich war so jung wie Du,
da habe ich zu träumen angefangen
Da bin ich von Zuhause weggegangen
Und hab sehr hoch gespielt

Ich war so jung wie Du,
da hab ich meine Lieder laut gesungen
Da spürt ich frische Luft in meinen Lungen
Und nichts hat mir gefehlt

Ich war so jung wie Du,
da war die Zeit der bunten Luftballone
Erdachte mir so manche Königskrone
Und nah schien jedes Ziel

Ich war so jung wie Du-
Jetzt ist es trister kühler Herbst geworden
Und kalter Wind weht um die tauben Ohren
Ich hab zu oft geträumt

Besuch am Grab

Der Regen rieselt durch die Äste
Wart auf dem Friedhof ganz allein
Gedanken um des Lebens Reste
stelln kühl in meiner Seel sich ein

Hier ist′s so ruhig, endlose Stille
Nur Regen fällt auf manches Grab
So endgültig, ein letzter Wille
Hier, wo man nichts zu sagen wagt

Da giert und jagt man durch die Zeiten
Da jammert man und will noch mehr
Und spürt nicht, wie die Jahr′ enteilen
Wie alt man wird und schwach und leer

Die Jugend ist nicht festzuhalten
Der Reichtum nicht und nicht das Gut
Nichts ist auf ewig aufzuhalten,
weil irgendwann erstarrt das Blut

So will ich Einhalt mir gebieten
Denn viel zu schnell komm ich hierher
Sollt′ wieder neu mein Leben lieben
und Lieder singen – und noch mehr

Der Regen rieselt durchs Geäste
Und dunkel wird's am Friedhofshain
Was tu ich mit des Lebens Reste
Schlag hoch den Kragen und geh heim

Flieger

Ich wollt so gern ein Flieger sein
Dort, irgendwo am Firmament
Nur mit dem Wind alleine sein
Wollt ich so gern ein Flieger sein
Zerreißen mir das alte Hemd

Ich wollt so gern ein Flieger sein
Ja, irgendwo am Himmelszelt
Geblieben sind nur Träumereien
So gern wollt ich ein Flieger sein
Und unter mir die ganze Welt

Ich wollt so gern ein Flieger sein
So hoch über dem blauen Meer
Doch blieb auf Erden ich allein
Ich sollt wohl nie ein Flieger sein
Denn Fliegen war für mich zu schwer

An die Eltern

Manchmal gehn die Gedanken
nach Haus, ins gute Heim
Seh all die schönen Jahre
Und manche schlimmen Tage
Wollt wieder Kind dann sein

Als ich mit Mutter rannte
durchs Tal zum Wald am Fluss
Mit Maiglöckchen im Regen
Am Ostseestrand gelegen
Am Abend manchen Kuss

Die längsten Fahrradtouren
vom Berg bis quer durchs Feld
In den Ballon gepustet
Beim Sportfest fast verdurstet
Am Schießstand ohne Geld

Kind bin ich stets geblieben
Die Zeit verging zu schnell
Geträumt bis zu den Sternen
Dann wieder fahrn und schwärmen
im Kettenkarussell

Die wilden Jugendjahre
mit bester Note „Zwei"
Kaum war ich zu belehren
Ich wollt mich ständig wehren
Blieb weg bis nachts um 3

So manches, das ich suchte,
im Streit und auch in Wut,
das wollte ich nie sagen
War froh, dass wir uns hatten
Ihr seid mir beide gut

Hab oftmals nicht verstanden,
dass Vieles nicht so bleibt
Dann triebs mich in die Fremde
In keine guten Hände
Und wieder starb die Zeit

Bin doch zurückgekommen
in Mutters warmen Schoß
Uns hat so viel verbunden
In jenen schweren Stunden
Dort stand mein weißes Schloss

Hätt ich es nur gesehen,
wie sie verging, die Zeit
Als ich sie dumm verschenkte
Was war´s nur, das mich lenkte,
durch all die Dunkelheit

Ich bin da rausgekommen
Von Euch hab´ ich die Kraft
Doch wiegt so schwer das Alte
Noch oft spür ich die Spalte,
die durch mein Leben klafft

Was ist mir heut geblieben
nach all dem Sturm der Zeit
Wohl ist's nicht Geld, Karriere
Vielmehr doch Glück und Ehre
Ich habe mich befreit

Es ist so schön zu wissen,
dass einsam ich nicht bin
Ihr seid mir stets geblieben
Und als ich's aufgeschrieben,
erkannte ich den Sinn

Denn all das war mein Leben
Das Böse und der Schein,
das Auf und auch das Nieder
So manche Liebeslieder
Und mache Stund beim Wein

Nein, gar nichts will ich missen,
weil all das *ich* stets war
Ein Mensch mit seinen Träumen
Nie wollt' ich was versäumen
mit Euch, ganz wunderbar

Naher Winter

Der Winter naht,
das Feld liegt ohne Leben
Und auch der Bach im Wald
stöhnt müde vor sich hin
Einsames Bad
Es fällt nur leis der Regen
Ich bin halbwach
und alt
Wo ist des Lebens Sinn

Jetzt ist es Herbst
Die Bank gähnt vor den Weiden
Zu kalter Wind
Am Haus die Einsamkeit schon lehnt
Wer jetzt nicht scherzt,
der wird nicht lange bleiben
Kein einzig´ Kind,
nicht Mensch,
wird spielen hier verschämt

Das Jahr ist um
Mein Weg führt in die Ferne
Doch nur im Traum,
allein
Die Nächte werden lang
Der Mond bleibt stumm
Und stumm sind auch die Sterne
Es schweigt der Baum, der Stein
Und mir wird's langsam bang

Im Wald

Erinnerung an alte Zeiten
Irgendwo im tiefen Wald
Wollt mit dir zusammenbleiben
Doch die Liebe wurde kalt

Konnte dich nicht länger halten
Du gingst fort aus dieser Stadt
Und ich spür den Wind, den kalten
Weil ich nichts zum Wärmen hab

Hier im Wald ist so viel Ruhe
Ahn dich hinter jedem Baum
Schmutzbeschwert sind meine Schuhe
Schmutzbeschwert scheint mancher Traum

Hintern Busch ein wilder Eber
Selbst dies Schwein will nichts von mir
Bis zu ihm sind´s nur drei Meter
Endlos weit ist´s bis zu dir

Auf dem Hochsitz mach ich Pause
Einen Whisky auf uns zwei
Früher gab´s für uns nur Brause
Ohne Pep war´s schnell vorbei

Plötzlich ist es Nacht geworden
Und ich spür die Kälte schon
Nein, ich bin noch nicht gestorben,
auch wenn ich nicht bei dir wohn

Werd dir sicher nochmal schreiben,
weil ganz tief im Herz was blieb
Erinnerung an alte Zeiten
Denn ich hab dich doch noch lieb

Wald

Spür den Duft
Des dichten Waldes
Ahne Neues in dir drin
Liebe Gutes
Achte Altes
Spür die Kraft
Des riesgen Waldes
Wandre durch ihn stetig hin

Hör die Stimmen
Jenes Waldes
Vögelchen und Rehe – dort
Ob im Winter
Wenn es kalt ist
Ob im Sommer
Dieses Waldes
Ist er doch dein bester Ort

An den Wald

Du fühlst es: du willst raus
Zieh dich an und gehe los
Dort am Waldesrand bleib stehen
und schau ihn an,
den wundervollen Wald
Er liegt so friedlich vor dir
Und du fühlst so was von Glück
In deinem Herzen, in deinen Träumen
Atme tief ein und lass die Sorgen hinter dir
Sie folgen dir nicht, denn der Wald ist dicht
Laufe los und zier dich nicht
Die Wege sind mal seicht, mal krumm
Du gehst sie einfach immerfort
Und bleibst nicht stehen
Du wanderst zielgerichtet immer weiter
Doch ein Ziel, das hast du nicht
Das Ziel ist dieser Wald allein
Und manchmal rinnt eine Träne
Über deine Wangen
Keiner sieht sie, denn du bist hier ganz allein
Du willst es so und fühlst dich frei
So unendlich frei
Dann bliebst du stehen
Schaust dich um, nach allen Seiten
Überall die dicken Stämme jener Bäume
Du lehnst dich an sie und träumst ein wenig
Ja, das ist Leben, das ist es wohl
Und wieder atmest du tief ein
Dein Herz pocht und du fühlst dich gut
Hier ging´s dir immer gut – in diesem Wald

Er hat dich stets behütet
Manchmal sprichst du vor dich hin
Du fragst dich, warum da draußen nichts gelingt
Die Antwort kennst du nicht
Und kennst sie wohl
Doch will der Wald dir Frieden geben
Hier brauchst du nichts
Und er hört dir zu
Egal, wie dir auch ist
Zwischen den Ästen blinzelt die Sonne hindurch
Sonnenstrahlen streifen dein Gesicht
Sie sind warm und voller Liebe
Der Duft von Tannengrün
und modrigen Wurzeln
Zieht um deine Nase
Ach, hier ist's so schön
Du fragst den Wald nach deinem Weg
Und der Wald scheint dir zu sagen:
Geh einfach weiter so und fürchte dich nicht
Du bist nicht allein, denn er ist da
Der Wald, dein Wald
Er birgt so vieles tief in sich
Du kannst es entdecken und du bist gern dort
Er ist stets da, wenn du mal einsam bist
Er ist bei dir, wenn du dich ängstigst
Er ist dir nah, wenn du trauerst
Und er ist bei dir, wenn du ihn brauchst
Du gehst gern zu ihm – und oft
Denn du brauchst ihn sehr, deinen Wald

Auf einer Wiese

Allein auf einer Wiese
Der Mond scheint groß und kalt
Es ziehen dunkle Wolken
Dort, wo sonst Donner grollten
Fühl ich mich schlecht und alt

Es regnet auf die Wiese
Ein Schweigen hüllt mich ein
Ich hab noch so viel Fragen
In Nächten und an Tagen
Wollt ich nie traurig sein

Ich wart auf einer Wiese
Doch weiß ich nicht, worauf
Dort, wo sonst Donner grollten
Ziehn schweigend nur die Wolken
Zieht manch ein Wetter auf

„Sie" und „Er"

Sie ist so schön – so rund, oval
Sie sieht gut aus
Das scheint egal
Er schreitet stolz um sie herum
Er ist nicht schlau
Er ist nicht dumm

Er strahlt, wenn er sie sieht und fühlt
Die Stimmung ist recht aufgewühlt
Er lacht mal laut
Und manchmal leis
Er weiß genau, was er stets weiß

Ganz vorsichtig berührt er sie
Sie ist noch kühl
Wohl irgendwie
Doch wenn sie später tut den Dienst
Dann ist's so heiß
Ein Hirngespinst

Er liebt sie sehr
Er braucht sie wohl
Sein Sinn erscheint so kalt
So hohl
Voll Liebe küsst er sie sodann
Und starrt sie wahnhaft grinsend an

Schon bald kann er sie nicht mehr sehn
Dann wird im Einsatz sie sich drehn
Dann wird zum Feuerball sie schon
Die heiße Bombe
Aus Atom

Familiendrama

Sie lebte gut am Waldesrand
Mit Kindern, Gartenteich und Job
Ein schönes Haus dort, auf dem Land
Jetzt ist sie tot
Was für ein Schock

Man fand sie hinterm Haus
Im Teich
Das Wasser war vom Blut so rot
Sie war erfolgreich
Doch nicht reich
Man schoss sie nieder
In den Tod

Vom Mann war sie schon lang getrennt
Die beiden Kinder noch sehr klein
Den Nachbarn war sie niemals fremd
Sie war sehr nett
Trank manchmal Wein

Doch eines Tages in der Nacht
War da ein Fremder
Wars ein Freund
Hat Zutritt sich zum Haus verschafft
Ein Schuss, kein Schrei
Und ausgeträumt

Man fragte alle Nachbarn aus
Doch keiner hat den Mord vollbracht
Jetzt steht es leer, das kleine Haus
Und dunkel wird's dort in der Nacht

Da fand die Waffe man im See
Daran ein winzig kleines Schild
Als fiel der erste Winterschnee
Hat sich der letzte Fluch erfüllt

Die Schusswaffe war registriert
Auf einen Mann
Den Ehemann
Wohl hat er alle angeschmiert
Er kam und hasste
Schoss sodann

Man nahm ihn fest
Und er gestand
Er wollt die Kinder ganz für sich
Als er die Kleinen nirgends fand
Hat er geschossen
Fürchterlich

Sie war an einem falschen Tag
Am falschen Ort
Zur falschen Stund
Ihr Mann wollt alles, ohne Frag
Er war nicht krank
Und nicht gesund

Er weinte, als er das gestand
Die Kinder kamen schnell ins Heim
Ab jenem Tag, als man sie fand
Sollts niemals mehr wie früher sein

Nur eine Meldung im TV
Ein Drama irgendwo im Land
Sie war ´ne Mutter
Eine Frau
Ein Schicksal nur
Am Waldesrand

Das Kind

Ein kleines Lied singt mir in meinen Ohren
Von einem Kind
Es war für diese Welt geboren
Doch es war schwarz, nicht weiß
und nicht gesund
Die Eltern lachten nicht
und weinten sich die Seele wund

Warum, so fragte ich,
warum sind sie nicht glücklich
Oder froh
Ich kanns nicht sagen, denk mir,
sie sind doch glücklich irgendwo
Und wenn's gesundwird, durch einen Arzt,
'nem großen weißen
Ist es doch gut
Ist es normal und wird in alle Zukunft weisen

Es singen viele Lieder diese Welt in schöne,
gute Tage
Und selten stellt jemand die ziemlich blöde Frage
Ist es nur schwarz, ist's weiß,
ist es von einem Alien
Es ist ein Mensch
Es lebt – egal ob Nordpol oder auch Australien

Terror in Berlin

Berlin im Herzen
Weihnachtszeit
Am Breitscheidplatz
Die Kirch nicht weit
An jenem Abend wars so schön
Man wollt zum Weihnachtsmarkte gehn

Da rast heran von Irgendwo
Ein LKW, ganz einfach so
Kracht in die Menschenmasse, ach
Ich sah und schrie
Ich dacht' nicht nach

Von Jetzt auf Gleich zerbarst manch' Traum
Vom Hass zerstört der Weihnachtsbaum
Die Mutter starb, der Mann, der Freund
Selbst schwieg das kirchliche Geläut

Erinnerungen überall
Bis hin zu diesem Todesknall
Es bleibt nur Schweigen – Hoffnung, ja
Am Breitscheidplatz, wo das geschah

Was bleibt von jenem Terrortag
Von jener Zeit
Von all der Klag
Ist's Wut, ist's Angst, ist's Hass vielleicht
Ob's für den „Tag danach" noch reicht

Wie soll es weitergehen jetzt
Das Leben scheint total verletzt
Erinnerungen sind so schwer
Doch ganz tief drin ist's leer, so leer

Verständnis gab es sicherlich
Die Politik verhüllte sich
Wo Menschen suchten Halt und Wort
Blieb einzig in der Not nur Gott

Das traf so tief ins Herz hinein
Ich sitz im Regen
Und ich wein
Die Wunde klafft voll Trauer, Leid
Berlin im Herzen
Weihnachtszeit